AF143821

Philippe Lestang

LE FAIT JÉSUS

Du même auteur:

- Un dossier sur "Puissance de la louange" (BoD 2017)

- Une traduction de la Lettre aux Éphésiens (BoD 2017)

- Le royaume de l'amour - Adaptation des évangiles (BoD 2017)

- Pré-lectures (BoD 2018)

- Et si on comprenait LA MESSE (BoD 2020)

- Approches (BoD 2020)

- Les mots et la foi (BoD 2021)

- Les mots et les noms dans la Bible (BOD 2022)

Une version électronique de ce livre est également disponible, au prix de 1 euro:
- au format ePub sur le site BoD (www.bod.fr)
- au format Kindle sur le site Amazon (www.amazon.fr).

Site web: http://www.plestang.com

Vivre le christianisme comme quelque chose de fraternel et de modeste, dans un dialogue avec tous les hommes.

Pour que les hommes aient la vie"

(Jean 10,10)

Dans une église, un soir. Au delà des personnes présentes, mon esprit se tourne vers ceux qui ne sont pas là, notamment mes amis non-croyants. Je me demande comment ils réagiraient devant cette assemblée; comment je pourrais parler avec eux de ces phrases, de ces chants avec lesquels je suis souvent en désaccord. Exemple:

"Pourquoi les nations se moqueraient-elles,
en disant: mais où est donc leur Dieu?
Notre Seigneur qui vit dans le ciel,
règne et fait tout ce qu'il veut."

Je peux, en lien avec le peuple d'Israël, lire le psaume dont ce chant est tiré; nous faisons partie d'une longue histoire. Mais si on le présente comme une réalité de maintenant, c'est inacceptable.

Dans quel monde imaginaire vivent les chrétiens qui chantent cela? "Dieu? Il est 'là haut' dans un fauteuil et il fume son cigare!" "Il fait tout ce qu'il veut".

Malaise! Suis-je le seul à le ressentir?

Peut-on arrêter ces faux-semblants et parler du christianisme en vérité?

Viens, Saint-Esprit!

DIEU?

Chaque homme a des convictions, plus ou moins fortes. "Croire", c'est avoir une conviction; André Comte-Sponville, philosophe athée, explique qu'il "croit" que Dieu n'existe pas. Nous changeons parfois de convictions, et considérons par exemple comme vrai ce qui nous semblait faux ou impossible auparavant (ou le contraire).

Existe-t-il un ou des êtres supérieurs? Max Planck, physicien célèbre, estimait "qu'on peut parfaitement concevoir, et qu'il n'est peut-être pas invraisemblable que notre intellect humain ne soit pas le plus haut, mais qu'il se trouve en quelque autre lieu ou à quelque autre époque des êtres dont l'intelligence surpasse la nôtre d'aussi loin que la nôtre dépasse par exemple celle des infusoires." Il ne s'agit pas ici d'extraterrestres venant d'une autre étoile, ni nécessairement d'un Dieu créateur, mais d'entités se situant à un niveau très élevé par rapport à notre univers.

L'existence éventuelle de telles entités n'est pas absurde: il est impossible logiquement d'affirmer qu'il n'existe aucune entité ou ensemble d'entités supérieures à l'homme, peut-être aussi différentes de nous que nous le sommes d'une amibe, et éventuellement indifférentes à nous, c'est à dire ne s'occupant pas le moins du monde de l'homme. Comment nous, chétives créatures d'une petite banlieue de l'univers, pourrions-nous affirmer que nous savons tout sur celui-ci, et sur les dimensions et réalités qui le composent? Nous faisons partie de l'univers; nous ne pouvons pas, par nature, le voir "de l'extérieur" et affirmer le comprendre entièrement. Comment serait-il possible de démontrer qu'il n'existe pas d'êtres supérieurs à nous? L'existence d'entités supérieures est donc tout à fait possible. Elle est même vraisemblable. L'inverse est moins imaginable: pourquoi et comment serions nous le sommet d'un univers dont les lois résulteraient du pur hasard ? Que des résultats aussi magnifiques qu'une aile de papillon, ou aussi complexes que le cerveau d'un homme, résultent du pur hasard, est aussi peu probable que de créer une oeuvre littéraire majeure en appuyant au hasard sur les touches d'un clavier. Et s'il y a des "lois" de développement de l'univers, il y a lieu de se demander pourquoi il y a ces lois! Supposer qu'il existe une ou des intelligences supérieures à l'homme est donc assez logique.

Si une ou des entités supérieures existent, il reste à voir si elles se révèlent à l'homme ou pas. Les deux hypothèses sont possibles. Par exemple si notre existence sur la terre est une sorte d'expérience créée par eux, elles peuvent choisir de ne se révéler en rien à nous. Mais l'inverse est envisageable: elles pourraient choisir d'entrer en dialogue avec nous. Pourrions-nous comprendre une communication venant d'elles? Cela supposerait bien sûr qu'elles s'expriment d'une façon adaptée à nous. Pourquoi cela leur serait-il impossible?

Chaque homme a sa vision du monde. Notre vision de nous-mêmes et du réel qui nous entoure est inévitablement partielle, et colorée par nos affects et notre personnalité. Chacun a en quelque sorte des "lunettes" avec lesquelles il voit le monde; en réalité seulement certains aspects du monde, et déformés. Nous nous cachons certains aspects des choses. Nous avons nos priorités, et nos refus. Dire cela n'est pas avoir une vision pessimiste de l'homme: c'est constater une réalité dont il est bon d'avoir conscience. Un des auteurs qui ont mis en évidence ces faiblesses de l'attitude humaine est Alfred Van Vogt dans son livre *Le monde des Non A*. Pour lui "l'homme abstrait un certain savoir des événements et accorde à ce savoir un certain crédit; mais il risque d'en venir à prendre cette partie qu'il connaît pour le tout." Cela concerne à la fois notre raison et notre sensibilité. Pour chacun de nous il y a des concepts, des hypothèses, que nous pouvons concevoir et admettre, et d'autres qui nous sont complètement étrangers, alors même qu'ils sont éventuellement naturels et familiers pour d'autres hommes! Et il nous arrive souvent de raisonner de façon erronée.

Certains hommes sont plus prêts que d'autres à se remettre en cause; à découvrir ce qu'il y a de vrai dans ce que dit l'autre. Car nous n'avons pas à nous seul toute la vérité. Il est bon de comprendre ce qui motive le point de vue de l'autre, comment et pourquoi il pense ce qu'il pense. Cette sensibilité à l'autre est d'abord un respect, et conduit à découvrir ce qu'il est et ce qu'il vit. Nous ne pouvons véritablement nous ouvrir à ce qui est différent de nous que si nous sommes prêts à remettre en cause notre vision du monde et à nous centrer moins sur nous-mêmes. Et alors il pourra arriver que nous changions d'avis: par exemple parce que certaines réflexions, certains événements éventuellement passés inaperçus d'un observateur extérieur, ont eu un écho en nous, ont éveillé des correspondances, résonné dans notre sensibilité, et nous ont mis en route.

Quels sont les bons organes de perception? Si Dieu "parle" ou "se montre", peut-être est-ce d'une façon discrète. C'est en tout cas ce que croient constater les chrétiens. Pour "voir" la présence de Dieu ou son action, pour "entendre" ce qu'il dit, il faut avoir le bon organe de perception. Cet organe... c'est un coeur ouvert à l'autre, à "tout autre". C'est lui qui nous permet de nous ouvrir à Dieu, qui est complètement différent de nous, et de percevoir les signes de sa présence.

Il y a environ 2000 ans, vers l'an 30 de notre ère, un homme nommé Yeschoua (Jésus en français) a commencé à se manifester publiquement dans le pays d'Israël. Affirmant sa relation directe avec "son Père des cieux", il apportait une loi d'amour dont il a témoigné par ses actes et par sa mort, mis en croix par les Romains. Il a donné à ses disciples la responsabilité de transmettre ce message d'amour venu de Dieu. Plus encore, les disciples ont affirmé l'avoir revu vivant après sa mort: ressuscité, non pas d'une vie qui devrait à nouveau s'achever, mais d'une vie éternelle, ignorant la mort. La conviction des chrétiens est que Jésus est un homme, mais en même temps plus qu'un homme. Il est révélation de Dieu: il est ce que nous pouvons voir de Dieu sous la forme d'un homme. Jésus a aussi annoncé qu'il serait présent au milieu des croyants par un être invisible, l'Esprit Saint, qui guiderait ceux qui se fient en lui.

Est-ce croyable? Mais qu'est-ce qui est croyable et qu'est-ce qui ne l'est pas? Si un être supérieur existe, comme c'est possible, pourquoi ne pourrait-il pas se manifester à nous sous la forme d'un homme? Face à Jésus, homme complètement hors normes, ses contemporains se sont interrogés: qui est-il? Les uns se sont fermés, ont refusé qu'il puisse dire vrai et être ce qu'il prétendait. D'autres sont restés ouverts, et ont été conduits à admettre l'incroyable: il est un homme qui vient de Dieu.

Il ne suffit pas que ce soit croyable. Encore faut-il parvenir personnellement à la conviction que c'est vrai. Et c'est cela, se convertir: l'instant d'avant on considérait la divinité du Christ comme une possibilité parmi d'autres; et brusquement cela devient une évidence, on est convaincu. Jésus était vraiment ce qu'il a dit! Et alors, il est vivant! Présent!

La vérité du christianisme ne s'arrête pas là. Pour un chrétien, la vie prend une cohérence extraordinaire. C'est un peu l'équivalent de ce qu'est, pour un scientifique, une loi nouvelle qu'il découvre et qui explique beaucoup de phénomènes. Le chrétien trouve un sens profond à ce qu'il vit et à ce qu'il fait, dans l'amour.

Dès lors qu'on pense que Dieu existe peut-être, il est naturel de se tourner vers lui à l'occasion, et de lui parler. C'est une des formes de la prière. Prier c'est parler avec Dieu: c'est donc aussi l'écouter. Mais le plus souvent Dieu ne parle pas de façon sensible. C'est par Jésus qu'il a parlé. Dans notre vie, c'est à travers les événements et les pensées de tous les jours que nous apprenons peu à peu à discerner les chemins qui peuvent nous conduire vers plus d'amour. Prier, c'est surtout apprendre à conformer sa vie au désir de Dieu pour les hommes, révélé par Jésus-Christ.

CROIRE

A lire certains athées on a le sentiment que pour eux le croyant est quelqu'un qui a créé en lui un petit recoin auquel il s'attache et qu'il ne faut surtout pas remettre en cause; qu'il n'est pas rationnel; qu'il a "besoin" de la foi, etc. Ces athées estiment que la science montre qu'on n'a pas besoin de l'hypothèse Dieu pour "comprendre" la création du monde; et même (Dawkins) que Dieu est "impossible"! Or ce n'est pas du tout ainsi que le croyant "fonctionne". Il englobe sans hésitation toute la science dans sa réflexion, mais va au-delà.

Il ne s'agit pas, pour la création du monde, de savoir si une intelligence supérieure, qu'on l'appelle "Dieu" ou autrement, est intervenue au cours de la création, mais s'il est exclu qu'une telle intelligence existe, éventuellement au delà même de notre univers, et se manifeste à nous: or il est impossible à la science de se prononcer sur cette question. Les chrétiens pensent constater des signes de la présence de cette intelligence: que cela paraisse absurde aux athées, c'est leur droit, mais il ne peuvent pas l'écarter au nom de la science.

Les scientifiques n'ont guère changé depuis le XIX° siècle: beaucoup d'entre eux croient toujours savoir l'essentiel de ce qu'il y a à savoir, alors que notre monde comprend peut-être 6 ou 10 dimensions - des théoriciens commencent à le proposer - , et des lois fondamentales dont nous n'avons même pas idée.

Un scientifique peut aussi avoir tendance à penser que, de même que la relativité n'intervient que loin de notre vie quotidienne, de même, si cette intelligence que je nomme Dieu existe "au delà de ce que nous percevons", elle n'agit pas sur les lois de notre vie quotidienne. Mais c'est se limiter aux lois physiques; et encore, aux lois physiques connues. Les lois des relations humaines – auxquelles beaucoup de scientifiques refusent de s'intéresser – comprennent la relation à l'autre (l'amour), et font intervenir des paramètres dans lesquels les chrétiens pensent que Dieu intervient.

De même je suis étonné par le besoin qu'ont les philosophes et les théologiens d'essayer de "penser Dieu", de se représenter qui il est, comment il fonctionne etc. Pour paraphraser Brassens: "Qu'est-ce qu'ils en savent les bougres?" Personnellement je ne connais, avec

Saint Paul, que Jésus-Christ: Jésus-Christ crucifié, et ressuscité (cf. 1 Co 2,2). Ces "faits", et la vie dans l'Esprit, me suffisent. J'avais écrit à ce sujet à André Comte Sponville:
"J'ai parcouru, plus que lu, vos dernières réflexions et dialogues avec des chrétiens. Mais il me semble que tout cela pêche par une approche que je qualifierai – pardonnez-moi – d'abstraite: par exemple un de vos interlocuteurs (ou vous même?) donne une sorte de 'définition' de Dieu! Cela n'a aucun sens!"

Pour ma part je me demande simplement s'il est possible que des êtres "supérieurs" (quoi qu'on entende par là) existent, puis de constater qu'un certain nombre de gens affirment avoir été en contact avec de tels êtres. Ma démarche me semble typiquement scientifique. C'est une question de "fait" que je pose: des êtres supérieurs, et un contact avec eux, existent-ils? Ce qui amène à la question suivante: Pourquoi certaines personnes considèrent-elles certains faits comme possibles, alors que d'autres les considèrent comme impossibles?

On pourrait compléter les principes de Descartes dans le discours de la méthode par une cinquième règle, qui s'énoncerait à peu près ainsi:

"Le cinquième précepte était de ne considérer jamais aucune chose pour fausse que je ne la connusse évidemment être telle; c'est à dire d'éviter soigneusement la précipitation et la prévention; et de n'écarter rien de plus du champ de mes réflexions que ce qui se présenterait si clairement et si distinctement à mon esprit que je n'eusse aucune occasion de le considérer comme vrai."

Au delà du clin d'oeil que constitue ce texte "à la manière de", il y a là une définition de l'esprit ouvert et de son difficile programme. Le doute positif, c'est l'acceptation du réel non encore connu; l'ouverture à ce qui est autre. Le philosophe Ferdinand Gonseth écrit:

"Une philosophie ouverte est une philosophie dominée par l'idée que l'expérience externe ou interne peut comporter un enseignement si pénétrant que même les principes sur lesquelles elle se fonde puissent en être touchés et doivent être remaniés en conséquence."

La foi n'est pas certitude. Elle repose sur des signes qui signifient surtout pour celui qui les perçoit. Elle est un itinéraire. Bernard Sesboüé écrit dans "*Croire*":
"Plus je m'engage dans la foi, plus je vois avec une lumière qui me donne la certitude".

Je me demande s'il ne s'agit pas d'un problème classique de bouteille à moitié vide et à moitié pleine: ce que l'un appelle certitude, parce qu'il s'appuie dessus pour agir, l'autre – qui s'appuie tout autant dessus pour agir – l'appelle conviction forte, parce qu'il a l'esprit plus tourné vers "tout ce qu'il ne sait pas", ce qui lui fait garder davantage en tête l'imperfection de notre connaissance (cf 1ère lettre aux Corinthiens 13,9).

Le "Vocabulaire technique et critique de la philosophie" de Lalande cite, à propos du mot "certain", la phrase suivante de Renouvier:
"A proprement parler, il n'y a pas de certitude, il n'y a que des hommes certains", c'est à dire "qui adhèrent à une proposition sans aucun mélange de doute".

Ce vocabulaire, publié et tenu à jour depuis 1902 par la Société française de Philosophie, conclut son étude sur "certitude" en distinguant 3 niveaux de conviction:
- L'adhésion forte de l'esprit pour des motifs d'ordre objectif (évidence actuellement commune à tous les hommes);
- L'adhésion forte de l'esprit pour des causes non intellectuelles, individuelles;
- L'adhésion faible, laissant place au doute.
Le premier est désigné en abrégé par "cert", le deuxième par "kred", le troisième par "opini"...

Personnellement, et bien que ma propre conversion, il y a une vingtaine d'années, se soit présentée comme une évidence intérieure, j'ai tendance à considérer que je n'ai que des convictions, pas des certitudes. Sauf dans le domaine purement logique abstrait ("si .., alors.."), ou pratique: le lever du soleil (encore que ...). Mais quand une conviction est forte, elle agit en pratique comme une certitude. La nuance, importante, c'est qu'on est prêt en principe à la remettre en cause; c'est peut-être cela, d'ailleurs, qui rend le dialogue possible avec les non-chrétiens (je ne crois donc pas que ce que je dis est "plus vrai" que ce que dit l'autre: je cherche avec l'autre si nos discours peuvent se comprendre).

J'ai donc une conviction forte que Jésus est l'amour vivant, l'image du Père, ressuscité. Ce n'est pas une certitude absolue! Une telle certitude, de mon point de vue, n'est pas de ce monde. Mais c'est une "certitude opérationnelle". Cette conviction se base sur tout ce que les chrétiens et les hommes en général m'ont permis de comprendre à ce sujet — notamment par la Bible bien sûr, et sur la grâce qui donne la foi. J'ai bien dit "les chrétiens"; l'Eglise catholique est historiquement la mère qui a guidé la transmission en Occident; mais, au moins depuis le schisme avec l'Orient, il y a en fait "les" Eglises et non l'Eglise.

Je suis d'abord un homme (je n'ai pas une notion de la "certitude" différente de celle qui est reconnue par l'ensemble des hommes – et je pense le message de la révélation comme s'adressant à tous les hommes tels qu'ils sont); ensuite un chrétien; et enfin un catholique. Dans cet ordre. C'est ma façon d'être catholique "en vérité", c'est à dire avec la plus grande honnêteté possible par rapport à l'ensemble des hommes.

AIMER – LE PÉCHÉ

Une seule chose est nécessaire"
(Luc 10,41)

Un ami m'écrit: "Il y a de vrais problèmes, que la louange béate et perpétuelle pour tout ne résoudra pas."

Je partirai d'un proverbe, chinois je crois: "Si tu veux nourrir un homme un jour, donne-lui un poisson; si tu veux le nourrir tous les jours, apprends-lui à pêcher."

C'est un peu ce que l'on appelle, en termes savants, un "détour productif". J'en prends un exemple, imaginaire, dans le domaine pratique: trois hommes sont face à trois machines identiques, qui marchent mal; le premier se contente de remettre en place les pièces quand elles quittent leur logement. Le deuxième trouve une solution "de bricolage", qui fait que pour quelque temps la machine marche sans problème. Le troisième participe à la conception d'une nouvelle géné-ration de machines. L'investissement productif, ou détour productif, c'est notamment cela: prendre du recul par rapport à un problème, et essayer de lui trouver une solution un peu plus générale. Professionnellement j'ai eu la chance de pouvoir me consacrer, dans mon domaine (statistique et informatique), à des réflexions très générales: en avance sur les besoins immédiats. Les gens qui pensent ainsi à long terme sont parfois mal considérés par leurs collègues; au point qu'à un moment ma notation professionnelle a baissé... Mais les investissements méthodologiques que j'avais faits se sont révélés utiles. Il y aura toujours des gens pour considérer que ceux qui pensent à long terme, ou de façon très globale, sont des penseurs creux. C'est pourtant par cette démarche que la science, et l'économie, ont progressé.

Alors, si on me demande: que puis-je faire de plus utile pour les problèmes que l'humanité rencontre? Quelles sont les causes de la situation actuelle? J'ai tendance à répondre que la première cause des problèmes est que les hommes ne savent ou ne veulent pas travailler et réfléchir ensemble. Si nous nous mettions "un beau matin" à réfléchir et à agir tous ensemble de façon constructive, chacun apporterait sa pierre, sa compétence, et les problèmes actuels (pollution, etc) prendraient une toute autre allure.

Utopie? Oui et non. Car j'affirme que ce que je viens de dire est vrai: et que donc l'investissement le plus utile... c'est d'apprendre aux hommes à s'aimer!

Ce n'est pas une attitude éthérée que de vouloir travailler à ce que les hommes s'aiment davantage. A condition d'avoir une petite idée de la façon de s'y prendre. Et les chrétiens sont convaincus que "Jésus est la solution"! C'est à dire que ce n'est pas moi, par ma volonté et mes petits actes, qui vais apprendre aux hommes à s'aimer; mais que c'est l'action de Dieu dans le monde qui le fera. Donc un nouveau "détour productif" conduit à dire: ce qui est le plus utile, c'est d'aller dans le sens de l'action de Dieu: en s'ouvrant à lui. C'est une des dimensions de la prière.

Scandale pour les non-croyants, mais vérité aussi vraie que la science et l'économie, pour qui admet que Jésus est amour et que c'est Lui dont les hommes ont besoin. En résumé, et avec un peu d'humour: "Si tu veux aider l'humanité, ... apprends-lui à ne plus pécher!"

Le péché, c'est l'absence d'amour, ou le refus d'aimer. Il est extraordinaire de voir combien, dans les milieux chrétiens, la culpabilité tient une grande place, et est associée au péché. La culpabilité est pour moi une dimension psychologique individuelle relevant le plus souvent d'un équilibre personnel insuffisant, et aussi d'une théologie erronée. Comme on le verra plus loin, pour moi la problématique du péché n'a rien à voir avec une culpabilité quelconque!

Dès lors que l'on a une foi suffisante, une confiance en Dieu suffisante, la culpabilité devrait s'évanouir comme neige au soleil: ce n'est pas du tout le problème! Nous sommes ce que nous sommes, et Dieu le sait! La culpabilité est probablement associée à l'idée fausse selon laquelle c'est par notre volonté que nous deviendrons "meilleurs"; et donc nous nous sentons "coupables" de ne pas avoir fait assez "d'efforts". C'est en nous laissant aller entre les mains de Dieu que nous changerons! Il ne s'agit pas d'abord de "faire des efforts" ou de "vouloir", au sens d'un effort volontariste intérieur. Il s'agit de se laisser habiter par Dieu; de se reposer entre ses mains! Mais, et c'est ce qu'on va voir, cela n'enlève pas le péché.

Je découvre vraiment ce qu'est le péché quand je comprends ce qu'est l'amour selon Jésus. Aimer comme Jésus aimait, se comporter comme Jésus se comportait, voilà qui est clairement hors de ma portée! Et donc le péché, pour moi, ce n'est pas d'abord ce que je fais de "mal", c'est surtout la prise de conscience de la distance entre l'amour infini et moi. Je regarde Jésus, je l'aime, et je lui dis: "Comme je suis loin de toi! Comme j'aimerais aimer comme tu aimes! Comme je me sens misérable quand je me vois face à toi!" C'est un réflexe d'amour, une constatation, la reconnaissance d'une vérité: je n'aime pas comme Jésus aime! Je ne suis pas pour autant découragé; simplement, face au "soleil" qu'est Jésus, je dis: "Viens rayonner en moi! Lave-moi! transforme-moi! Viens Esprit Saint, viens en mon coeur!" Dans un grand élan d'amour face au soleil qu'est mon Dieu. C'est cela, et cela seulement, pour moi, me reconnaitre pécheur: c'est comprendre un peu ce qu'est la beauté de l'amour du Seigneur; reconnaître, comme un fait, que j'en suis loin; et me confier entre ses mains.

Aucune culpabilité en cela: seulement de l'amour. C'est pour cette raison que beaucoup de saints se considéraient comme de grands pécheurs: parce qu'ils avaient, plus que nous, conscience de la distance entre Dieu et eux.

Cela dit, nous avons tous aussi des péchés plus précis, fréquents ou rares. Il y a les pensées, réactions ou regards de chaque instant: ce qui nous traverse la tête en différentes circonstances, ou bien notre comportement par rapport à certaines personnes. Et puis il y a les péchés plus graves, comme de mal conduire, de voler de façon délibérée, que sais-je. Lorsqu'un tel péché nous prend, il reste à se tourner vers le Seigneur et à chercher, avec son aide et celle d'un confesseur ou directeur spirituel, et aussi d'un psychologue, comment modifier les attitudes ou les circonstances qui le provoquent.

Mais même si nous n'avons pas l'impression de "faire des péchés", nous ne vivons pas dans l'amour de Dieu pour autant: nous manquons d'amour, et c'est cela, l'essence du péché.

Pourquoi l'humilité est-elle la plus grande des vertus? Parce qu'elle laisse la place à Dieu et aux autres, et est donc le contraire du péché. Elle ne consiste pas en je ne sais quel complexe psychologique de refus de la réalité ou de masochisme. Elle est d'abord simplicité, vérité. Vertu magnifique, où ce qui arrive à l'autre, ce que l'autre fait, ne me préoccupe plus par rapport à moi-même, mais est seulement pour moi l'occasion de louer Dieu ("Puissance de la louange") ou de me tourner vers lui pour le prier sous d'autres formes. L'humilité est la mère des autres vertus: la patience, la générosité, la miséricorde, la force, etc. C'est pourquoi celle qui a su laisser toute la place au Seigneur, Marie très humble, est la plus grande auprès de Dieu.

LE SALUT

Le salut, c'est d'entrer dans l'amour dès cette terre, avec l'aide de Dieu; et cela se poursuivra après notre mort.

Ce qui suit s'adresse principalement aux chrétiens. On ne s'exprime pas en effet de la même façon quand on s'adresse à des non-chrétiens, si on veut être compris par eux. D'autre part il y a quelques différences entre les confessions chrétiennes en ce qui concerne le salut: j'en mentionnerai certaines.

Les catholiques parlent peu entre eux du salut, alors que pourtant la liturgie et la Bible en parlent beaucoup. Parler du salut, c'est parler de l'amour.

L'encyclopédie catholique Théo donne la définition suivante: "Le salut est une réconciliation intégrale, avec soi, avec ses frères et avec Dieu". De mon côté je propose une définition un peu différente: "Le salut, c'est la possibilité d'entrer dans une relation en vérité, une relation d'amour, avec les autres et avec Dieu". Vous noterez que ces définitions ne sont pas centrées sur ce qui se passe après la mort. Le salut, c'est déjà maintenant.

Les hommes d'aujourd'hui cherchent-ils un salut? Est-ce que l'homme de la rue emploie le mot "salut" ou le verbe "sauver"? Bien sûr! Quand on dit bonjour à quelqu'un de façon familière, on dit "salut!" Quand on a la solution à un problème ennuyeux, on s'exclame: "Ouf, je suis sauvé!" Et quand on ne sait plus quel chemin prendre – c'est vrai moralement aussi – si quelqu'un vous montre le chemin, on n'est plus perdu, on est sauvé!

Mais au delà de ces usages habituels, est-ce que l'homme du 21° siècle recherche quelque chose qui ressemble à un salut plus définitif? Ceux qui sont dans la misère, ou qui ont de gros problèmes, aimeraient en sortir, c'est sûr. Ils n'emploient pas forcément le mot salut, mais ils espèrent, ils imaginent, un monde qui serait différent. Une vie qui ne serait pas trop dure matériellement et moralement. Il y a aussi celles et ceux qui sont dans la misère morale, ou la drogue, l'alcoolisme, etc. Et enfin il y a tous les hommes et toutes les femmes qui ne sont pas très à l'aise dans leur vie, qui cherchent dans différentes directions, qui ne savent pas comment réussir leur vie. Qui sont insatisfaits. Ils auraient besoin d'une vie ayant un sens; de trouver la paix. En quelque sorte, ils sont un peu perdus. Nous essaierons de voir quel salut Jésus peut leur apporter.

Parmi les chrétiens, j'ai déjà dit que les catholiques ne parlent pas beaucoup du salut. Mais il y a d'autres chrétiens, notamment certains protestants évangéliques, qui en parlent. Vous avez peut-être eu l'occasion d'entendre dans le métro quelqu'un crier des phrases telles que:

Il faut vous convertir!
C'est maintenant!
Après il sera trop tard!
Acceptez Jésus comme votre sauveur!

Pour ces chrétiens évangéliques, devenir chrétien, c'est accepter Jésus comme son sauveur. Et à partir du moment où on l'a accepté, on est sauvé, c'est à dire qu'on ira au ciel après la mort. Il est donc important pour ces chrétiens d'accepter Jésus et d'inviter le maximum de gens à le faire. J'espère que beaucoup de ceux qui lisent ce texte ont accepté Jésus comme leur sauveur! Mais il est vrai que cette expression n'est pas dans notre vocabulaire catholique: la liturgie ne l'emploie pas non plus.

Il y a donc des chrétiens qui sont anxieux de leur salut et qui pensent que seuls ceux qui auront accepté Jésus auront après la mort la vie éternelle. Je reviendrai plus loin sur cette question.

La révélation ne commence pas avec Jésus, qui est venu après toute une préparation: Dieu a progressivement formé un peuple, Israël, en se révélant à lui, en lui donnant des lois, et en lui faisant découvrir la vocation supérieure à laquelle il appelle à travers lui tous les hommes. Pour Israël, le salut c'est d'abord d'être délivré de ses ennemis: c'est la liberté, et aussi la survie à travers les descendants. Ce salut a un aspect collectif – un avenir de paix est promis au peuple de Dieu - mais il a aussi un aspect individuel; le prophète Ezéchiel écrit par exemple:

"Est-ce donc la mort du méchant que je désire, dit le Seigneur, n'est-ce pas plutôt qu'il se détourne de sa conduite et qu'il vive?"

Donc Dieu propose la vie à ceux qui suivent sa loi. Cette vie, les Hébreux la voient comme une vie heureuse sur terre. Mais certains écrivains bibliques se rendent compte que ce n'est pas si simple. Il y a des méchants qui réussissent, et des justes qui sont dans le malheur; et le peuple d'Israël connaît des échecs, l'exil à Babylone notamment. Peu à peu, par les prophètes, Dieu annonce à son peuple la venue d'un "messie" sauveur; Isaïe parle d'un personnage mystérieux, un "serviteur", qui souffrira, et annonce un envoyé dont il dit:

"L'Esprit du Seigneur est sur moi, (..) il m'a envoyé proclamer aux captifs la libération, aux aveugles le retour à la vue".

En simplifiant, on peut dire qu'il existe, au sein du judaïsme du Premier Testament, deux attitudes spirituelles: une attitude "légaliste", pour laquelle il s'agit de respecter les commandements, les rites, les sacrifices; et une attitude d'humble relation à Dieu dans la prière, et d'amour fraternel. Les prophètes et les psaumes insistent souvent sur cette attitude intérieure.

Voilà que Jésus vient parmi les hommes. Il se révèle comme étant Dieu, par exemple quand il dit, à propos de la loi révélée au Sinaï: "Il a été dit... mais moi je vous dis". Jésus nous révèle une image de Dieu différente de celle qu'en avaient les Israélites: il ne s'agit plus de lutter par les armes contre les ennemis, mais d'aimer tous les hommes. Jésus montre que l'amour parfait va jusqu'à accepter de mourir pour les autres. Puis il apparaît ressuscité, et nous donne l'assurance que l'existence continue après la mort. Et à la Pentecôte il nous envoie l'Esprit Saint, qui fait comprendre aux disciples son message, comme le montre le récit des Actes des Apôtres.

Pourquoi dit-on que Jésus apporte le salut? Il y a beaucoup de façons d'en parler. Une des plus simples consiste à utiliser des images. En voici une: sur la terre, nous sommes un peu comme dans une jungle, nous sommes perdus, sans savoir comment agir, comment donner un sens à notre vie. Jésus nous indique la bonne direction. Et d'autre part il nous donne la force pour changer, pour aller dans cette direction. Un peu comme s'il était à la fois notre boussole, par l'exemple qu'il nous donne, et notre soutien, par sa grâce, ses sacrements et sa Parole. Ou encore, si l'on préfère, il est lumière, et aliment pour la route. Il nous propose un chemin pour nous orienter sur cette terre. Un chemin de salut. Un chemin que nous pouvons commencer à parcourir, avec son aide.

Il nous sauve du péché, nous libère du péché; car qu'est-ce que le péché? C'est le manque d'amour. Seuls, sans l'aide de Dieu, nous ne savons pas aimer vraiment. Jésus nous donne le moyen d'aimer: donc de sortir peu à peu du péché.

Une des façons qu'utilise Jésus pour parler du salut, c'est le royaume: le royaume de Dieu. Au commencement de sa vie publique, dans les évangiles de Matthieu et de Marc, il annonce que "le royaume de Dieu s'est approché". Et quand on lui demande dans Saint Luc: "Quand le royaume de Dieu va-t-il venir?", il répond: "La venue du Royaume ne peut pas être observée; on ne peut pas dire: 'il est ici; il est là'. Mais, voici: le royaume de Dieu est au milieu de vous!" Bien-sûr, devant Pilate, Jésus dira, "Mon royaume n'est pas de ce monde". Plusieurs Bibles préfèrent d'ailleurs traduire: "Ma royauté" n'est pas de ce monde. C'est que le royaume est à la fois déjà là, et pas encore complètement là.

Le salut commence dès cette vie. Jésus nous montre ce salut: il en montre la venue par des signes, notamment des guérisons; les mots "guérir" et "sauver" sont d'ailleurs souvent employés l'un pour l'autre; et quelquefois aussi Jésus parle de 'libérer' un malade.
Il nous explique ce salut: il l'explique par des paroles, le sermon sur la montagne, les paraboles. Il dit ce qu'est le royaume, et quel comportement est celui des fils du royaume. Il nous demande de croire; de le croire. Croire à la bonne nouvelle; croire que Dieu nous aime. Croire que son Esprit est avec nous pour toujours. Il nous montre un chemin qui va vers la vie: vers une vie "en relation". Le "commandement nouveau" qu'il apporte, c'est de

nous aimer les uns les autres "comme il nous a aimés". Le salut qu'il apporte est une semence qui va grandir, avec l'aide de Dieu, dans le coeur des hommes qui accepteront d'entrer dans l'amour. C'est le début d'une grande aventure des hommes avec l'Esprit, dans la confiance.

Il est important de noter que le salut chrétien n'est pas la réussite terrestre: ni individuelle, ni collective. La vie en relation avec Dieu ne nous libère pas de la maladie, etc., mais nous donne une nouvelle façon de vivre qui nous permet de traverser cette maladie et ce malheur. Il ne s'agit pas non plus de la réussite collective de l'humanité actuelle: l'évangile ne nous annonce pas que le monde va progressivement se convertir, et que l'avenir est paisible. Au contraire il parle de persécutions, et d'événements terribles. Donc il ne s'agit pas de construire le royaume de Dieu sur terre. Le monde est le lieu d'un combat, avec des forces du mal bien présentes. Et pourtant il s'agit de vivre déjà dans ce royaume, mais comme des prophètes, au service des hommes, dans l'amour.

Il y a des chrétiens qui sont dans la foi depuis leur enfance. Et il y en a qui le deviennent plus tardivement. Chez nos frères évangéliques et protestants on ne devient chrétien que par une démarche personnelle d'engagement, pendant l'adolescence ou à l'âge adulte, en acceptant Jésus comme son sauveur: il faut se reconnaître pécheur et pardonné, et recevoir la vie nouvelle que Dieu nous offre gratuitement.

Après la première entrée dans la foi, il peut nous arriver aussi de nous convertir à nouveau. Cette re-conversion peut prendre plusieurs formes. Ce sera par exemple la décision prise, à un moment de notre vie, de changer nettement tel ou tel comportement; ou d'accepter dans la foi telle épreuve importante. Mais il y a aussi une forme que l'on pourrait appeler "extraordinaire": une re-conversion qui marque votre vie; dont vous vous rappellerez toujours la date, parce qu'il y a un "avant" et un "après". Vous avez été saisi par le Christ, et désormais votre vie n'est plus la même.

Le baptême – je parle ici du baptême des adultes – est le moment où le nouveau chrétien confesse sa foi devant la communauté et en devient membre. C'est un sacrement, c'est à dire le signe visible d'une réalité invisible: être incorporé au corps du Christ qu'est la communauté des croyants. Saint Paul parle à plusieurs reprises de cette réalité spirituelle, l'Eglise corps du Christ; elle signifie que les croyants sont appelés à devenir de plus en plus unis entre eux, à former une unité véritable. Paul écrit par exemple: "Ne savez-vous pas que vos corps sont des membres du Christ?" Et plus loin: "Le pain que nous rompons n'est-il pas communion au corps du Christ? (..) A nous tous nous ne formons qu'un seul corps".

On découvre ici le double sens, si important, du mot communion: nourriture que nous recevons, et union d'amour entre tous les chrétiens. Vivre en chrétien, c'est entrer toujours plus dans une communion avec Dieu, et avec tous les hommes. C'est cette communion, cette vie dans l'amour, qui constitue déjà le salut. Le salut, le royaume, ce n'est pas "Que dois-je faire pour être sauvé après la mort?" mais "Quelle est la meilleure façon de commencer sur terre la relation d'amour avec tous les hommes?" Et c'est aussi ce qui nous préparera le mieux à l'au-delà.

Aimer vraiment, c'est aimer toutes les personnes que nous rencontrons. Il faut comprendre que cela ne veut pas dire ressentir des sentiments affectueux pour elles; c'est agir en pensant que Dieu les aime, même si nous avons beaucoup de mal à les aimer. Les accepter; ne pas les juger; penser que derrière leur attitude il y a peut-être de bonnes raisons que nous ne connaissons pas; et que s'ils sont pécheurs, nous le sommes aussi. Avoir une attitude de paix. Voir ce qu'il y a de beau, de positif en eux. En particulier, dans la communauté chrétienne à laquelle nous participons, il est important de chercher à construire la paix, à développer l'amour entre nous. C'est tout un programme de vie. Pour ce programme de vie, nous avons besoin de l'aide de Dieu. Car sinon c'est certainement au dessus de nos moyens.

De manière générale, il ne s'agit pas de "faire des choses pour Dieu", mais de permettre à Dieu d'agir par nous, et pour cela, de donner la toute première place à la prière et à la confiance dans l'Esprit Saint, et de donner la priorité à l'amour mutuel. C'est Dieu à qui nous ouvrons la route, pour que ce soit lui qui agisse en nous et dans les autres. C'est pour cette raison que l'ermite, ou la moniale carmélite, etc., sont aussi "efficaces" que ceux qui agissent dans le monde; car c'est l'action, souvent invisible, de Dieu qui est importante. Et la prière est le meilleur chemin pour permettre à Dieu d'agir.

Comment progresser dans cet amour, dans cette ouverture intérieure à Dieu? Il faut nous laisser aimer par lui, apprendre peu à peu à voir les choses comme il les voit, et vivre dans l'esprit.

On pourrait exprimer la vie dans le salut en disant qu'il s'agit d'être à l'écoute de soi même, des autres et de Dieu; d'être sensible: sensible à soi-même, à ses désirs, à ses limites, à ses péchés; sensible aux autres, les regarder et les comprendre le mieux possible; sensible à Dieu, en étant à son écoute par la prière et la lecture de la Bible, et en le rencontrant dans les sacrements et dans la vie en église. On notera que ces trois sensibilités rejoignent la définition du salut par l'encyclopédie Théo: réconciliation avec soi-même, avec les autres, et avec Dieu.

Faut-il, peut-on annoncer le salut? Jésus nous demande d'annoncer la bonne nouvelle du salut à ceux qui ne l'ont pas encore reçue. Mais il explique que le royaume progresse comme un ferment au milieu de la pâte; comme une toute petite graine, qui donnera un jour un arbre vigoureux. Le royaume que nous annonçons, c'est l'amour. Et l'amour ne s'impose pas par la puissance. Il est comme un secret; trop secret peut-on penser. Par humilité, on n'ose pas en parler; et peut-être aussi à cause de nos péchés, et de tous les péchés de l'église à travers les siècles.

Ce n'est pas le salut du monde actuel qu'il faut annoncer. C'est un salut pour ceux qui acceptent d'entrer dans l'amour. Dieu change la vie de ceux qui s'ouvrent à lui. Il n'enlève pas les difficultés, il ne faut pas compter qu'il nous protège de la mort. Mais le sens de la vie se transforme. Et si c'est vraiment une bonne nouvelle pour nous, nous souhaiterons évidemment que ceux que nous aimons la connaissent! Et ceux que nous aimons, cela doit être tous ceux que nous rencontrons! Il s'agit d'aimer. Et, suivant les circonstances, de parler ou de se taire. Je pense en particulier à toutes les personnes qui souffrent, qui sont dans le malheur. Quel sens cela peut-il avoir de leur parler de salut? Les questions que ces personnes posent à propos de Dieu, c'est: y a-t-il un Dieu? Comment Dieu permet-il cela? Que répondre? Souvent, bien-sûr, face au malheur, l'attitude chrétienne la meilleure sera d'écouter, et d'aider. Mais parfois on nous interrogera: où est-il ton Dieu? Et nous pourrons alors témoigner de ce qu'il a fait pour nous.

La réponse la plus complète serait, pour ceux qui le peuvent et qui s'y sentent appelés, de donner leur vie jusqu'au bout pour ces personnes, comme le Christ l'a fait. Nous en sommes pour la plupart incapables, et de toute façon seul Dieu peut donner la force pour un tel engagement. Mais nous savons qu'il y a dans l'Eglise des saints, connus ou inconnus, qui témoignent aujourd'hui comme hier de cette manière.

Qu'en est-il des non-chrétiens? Est-ce qu'ils peuvent, dès cette vie, entrer dans le salut? Le salut dont nous avons parlé, qui consiste à apprendre à aimer vraiment ceux qui nous entourent, est-il une spécialité chrétienne? Non bien-sûr, ce n'est pas une spécialité chrétienne. Beaucoup de non-chrétiens montrent, et ont montré, un amour remarquable, par exemple en consacrant leur vie à des causes humanitaires. Alors, est-ce que les non-chrétiens font partie du plan de salut de Dieu, et comment? Le concile Vatican II l'affirme clairement dans la constitution "Gaudium et Spes". Après avoir expliqué que le chrétien, par l'Esprit, est renouvelé intérieurement, le texte ajoute: "Cela vaut pour tous les hommes de bonne volonté, (..) puisque le Christ est mort pour tous". L'Esprit agit même en ceux qui ne se reconnaissent pas comme chrétiens.

Du coup une question peut surgir dans certains esprits: mais alors, qu'apporte le christianisme? A quoi bon être chrétien? Le christianisme apporte un chemin, pour que nous devenions des transmetteurs d'amour, des saints. Il nous met en relation avec Dieu, la source de l'amour! Entrer dans le christianisme, c'est découvrir la source de la lumière. On peut prendre la comparaison suivante: un aveugle qui recouvre la vue voit apparaître une richesse du réel bien plus grande que celle qu'il connaissait. Avec Jésus, nous cessons d'être aveugles; nous commençons à voir la lumière. Et, bien plus, nous avons un ami.

Jésus parle souvent de la vie éternelle, et surtout dans l'évangile de Jean. Dans cet évangile l'expression est employée plus de quinze fois: jamais au futur, toujours au présent; par exemple: "Qui croit au fils a la vie éternelle". La première épître de Jean insiste de même: "Vous avez la vie éternelle". Ceci correspond à ce que nous avons déjà vu: le salut, le royaume, la vie en Dieu, commencent dès notre existence actuelle; mais puisqu'on appelle cette vie de Dieu "vie éternelle", cela montre qu'elle continue après la mort.

Que se passe-t-il après la mort? Il faut reconnaître que nous n'en savons rien. Mais en même temps nous savons que Jésus s'est montré aux disciples ressuscité, et que pendant sa vie, il a parlé un certain nombre de fois de ce qui se passe après la mort: il annonce au "bon larron" que le jour même il sera avec lui "dans le paradis"; il parle à ses disciples du banquet du Royaume; il annonce pour après la mort un jugement, et parle de ténèbres et de pleurs pour ceux qui seront exclus.

Sur quoi serons-nous jugés? Tout le monde connaît le chapitre 25 de l'évangile de Matthieu. Il annonce que le Fils de l'homme, c'est à dire Jésus, jugera tous les hommes – pas seulement les chrétiens – sur la façon dont ils se seront comportés sur terre. L'histoire se termine par: "Ils s'en iront, ceux-ci au châtiment éternel, et les justes à la vie éternelle". Comme tout passage des évangiles, ce texte doit être pris au sérieux.

Mais avant de regarder comment certains théologiens ont réfléchi à ce sujet, je voudrais noter que Saint Paul dit des choses qui semblent assez différentes! Et les chrétiens évangéliques dont nous avons parlé se basent plutôt sur Saint Paul. Cela montre, il est important de se le rappeler, qu'un passage de la Bible ne doit jamais être isolé du reste de ce que dit l'Ecriture.

Paul écrit dans l'épître aux Romains: "La justice de Dieu a été manifestée (..); c'est la justice (..) par la foi en Jésus-Christ pour tous ceux qui croient (..); tous ont péché, (..) mais sont gratuitement justifiés par sa grâce." Et au chapitre 1 il avait écrit: "le juste vivra par la foi". C'est pourquoi les évangéliques et certains autres protestants pensent que le jugement sera fait uniquement sur la foi que chacun avait avant de mourir.

Une vidéo protestante que j'ai vue sur Internet il y a quelque temps montrait le jugement sous la forme suivante:

Les hommes s'avançaient à tour de rôle vers l'ange du jugement, et disaient ce qu'ils avaient fait de bien dans leur vie. Mais systématiquement, l'ange les envoyait "à sa gauche", et non pas du côté du salut. Et puis, dans la file, voilà qu'un homme arrive, qui n'a rien fait de spécialement bien... Mais à côté de l'ange, Jésus s'approche et prend l'homme avec lui.

Cette vidéo un peu caricaturale voulait montrer que c'est Jésus qui nous sauve, que c'est notre foi qui sauve, et non pas nos actes. Alors, est-ce la foi qui sauve, comme le dit Saint Paul dans l'épître aux Romains, ou bien les oeuvres, comme le montre la scène du jugement dernier? Saint Jacques, dans son épître, fait en quelque sorte la synthèse entre les deux positions, en écrivant: "C'est par mes oeuvres que je montrerai ma foi". D'ailleurs Saint Paul lui même insiste aussi dans ses lettres sur l'importance de l'amour, par exemple dans le célèbre hymne à la charité, dont la conclusion est: "La foi, l'espérance et la charité demeurent toutes les trois; mais la plus grande des trois, c'est la charité." Je pense pour ma part, avec l'église catholique, que nous serons jugés sur l'amour, et plus précisément sur notre acceptation d'entrer dans l'amour (Catéchisme de l'Eglise Catholique ou "CEC", n°679).

Le mot enfer n'est pas dans la Bible. Par contre la réalité y est bien présente. Le mot n'est pas dans le Premier Testament, car de manière générale les juifs ne pensaient pas qu'il y avait une véritable vie hors de cette terre: donc les morts étaient dans le "shéol", comme des ombres, dans une sorte de survie; et pourtant quelques passages du Premier Testament parlent de tourments éternels. Le mot n'est pas non plus dans le Nouveau Testament.

Quand on dit que Jésus est descendu "aux enfers", au pluriel, ce n'est pas la même chose: c'est le lieu où on disait qu'étaient tous les morts: le shéol des juifs. Cela dit Jésus parle plusieurs fois des souffrances de l'enfer: il y a le passage du mauvais riche et du pauvre Lazare; et en Matthieu 13 c'est le Fils de l'homme, Jésus lui même, qui envoie ses anges jeter dans la fournaise de feu tous ceux qui font le mal. Il faut prendre ces mises en garde au sérieux. Il existe un risque de se retrouver après la mort dans de fortes souffrances. Jésus nous prévient.

Les chrétiens ont prié pour les morts dès les premiers siècles. Une prière pour les morts se trouve aussi dans le Premier Testament: Judas Maccabée prie et offre un sacrifice pour des soldats morts, afin qu'ils soient absous de leurs péchés (2M 12). Cette prière signifie que dans l'au-delà il existe encore des enjeux d'amour, de vie et de mort spirituelle. Au moment de la mort de toute façon il paraît clair que la plupart d'entre nous n'auront pas atteint un niveau d'amour parfait! Et quand on dit qu'après la mort nous pourrons "voir Dieu", on oublie probablement de parler des purifications qui seront nécessaires.

L'Eglise catholique a formulé la doctrine du Purgatoire aux Conciles de Florence et de Trente, en se basant notamment sur un verset de Saint Matthieu (12,31). Ce verset dit d'abord: "Tout péché, tout blasphème sera pardonné aux hommes", et ensuite: "Mais le blasphème contre l'Esprit ne sera pas pardonné; (..) si quelqu'un parle contre l'Esprit Saint, cela ne lui sera pardonné, ni en ce monde, ni dans le monde à venir." En laissant de côté ce que c'est que le blasphème contre l'Esprit, on peut comprendre, avec l'Eglise (CEC 1031), que dans ce texte Jésus affirme indirectement que les autres fautes pourront être remises dans le monde à venir!

Est-ce que tout le monde sera finalement sauvé? Il y a longtemps déjà, certains prêtres à qui on demandait si l'enfer existe répondaient: "Oui, bien sûr, il existe". Puis ils ajoutaient sur un ton de confidence: "Mais il n'y a personne dedans".

Un théologien suisse, Urs von Balthasar, a écrit un livre dont le titre est "Espérer pour tous", titre qui résume bien la situation. Le livre passe en revue les passages du Nouveau Testament qui parlent de l'au-delà, et il constate qu'il y a à peu près autant de passages où sont annoncés des châtiments éternels, que de passages expliquant que Jésus est venu sauver tous les hommes. Citons quelques-uns de ces derniers: "Elevé sur la croix, Jésus attirera tous les hommes à lui" (Jean 12,32); "Dieu a enfermé tous les hommes dans la désobéissance, pour faire à tous miséricorde" (Romains 11,32); "Dieu ne veut pas que quelques uns périssent, mais que tous parviennent à la conversion" (2 Pierre 3,9); "Dieu a décidé de "réunir l'univers entier sous un seul chef, le Christ" (Ephésiens 1,10).

Donc, il y a une série de textes très forts dans le sens du salut universel, mais il y a aussi, nous l'avons vu, de nombreux textes qui annoncent la possibilité d'une perdition. Alors peut-on faire la synthèse entre ces deux séries de textes? Urs von

Balthasar conclut que non, on ne peut pas faire la synthèse entre ces textes contradictoires. Et que donc nous ne savons pas! Nous ne savons pas si tout le monde sera sauvé ou pas. Mais on peut bien-sûr espérer pour tous: espérer que la miséricorde de Dieu sera la plus forte. C'est ce que pensait notamment Thérèse de l'enfant-Jésus.

Peut-on vraiment penser, d'ailleurs qu'il y a des gens qui vont souffrir éternellement? Un auteur américain fait dire à un de ses personnages:
"Je ne peux pas imaginer que Dieu fasse la fête avec ses amis au salon, pendant qu'on torture au sous-sol. Tel que je comprends Jésus, il descendra en bas chercher ceux qui souffrent".
(Brian D. McLaren, "The last word and the word after that", JosseyBass.com)
C'est ce que pour ma part je crois qu'il a déjà fait en venant parmi nous. Cela dit, si quelqu'un refuse absolument et définitivement d'entrer dans une relation d'amour avec les autres, que faire? Cette personne se détruit elle-même. Espérons que l'amour sera le plus fort.

Il est logique de terminer cette réflexion sur le salut par le paradis. Après la Cène, Jésus annonce à ses disciples que là où il sera, ils seront avec lui, et il dit aussi: "Je ne boirai plus de ce fruit de la vigne jusqu'au jour où je le boirai, nouveau, avec vous, au banquet du royaume". Au bon larron, il dit: "Aujourd'hui tu seras avec moi dans le paradis". Après être passés par le purgatoire, serons-nous admis en présence de Dieu? Et à quoi cela pourra-t-il ressembler? La première épitre de Saint Jean dit: "Nous lui serons semblables; nous le verrons tel qu'il est".

Voici comment personnellement je vois cette vie au ciel. J'imagine que les hommes, réunis tous ensemble dans l'amour, composeront une sorte de super-organisme d'amour. L'amour est relation. J'ai insisté à plusieurs reprises sur le fait que le salut c'est d'accepter d'être en relation vraie les uns avec les autres. Actuellement nous ne pouvons être en relation qu'avec un assez petit nombre de personnes; par la prière nous pouvons en porter un plus grand nombre. Sur terre, qu'est-ce qu'une vie réussie, pour un chrétien: c'est une vie dans laquelle il aime ceux qui sont autour de lui, où il partage les joies et les peines de ceux qu'il connaît, et où il essaie d'être solidaire, mais de moins près évidemment, avec les femmes et les hommes du monde entier.

Il me semble que si on généralise cela, si on devient capable de vibrer, de partager en vérité, avec un nombre de plus en plus grand de personnes, on entre vraiment dans le projet de Dieu.

Et c'est comme cela que j'imagine la vie dans l'au-delà: comme une relation toujours plus approfondie avec un nombre toujours plus grand de personnes. L'Apocalypse décrit "une foule immense, que personne ne pouvait compter. Cette foule des élus, je ne la vois pas comme un rassemblement du type "Journées mondiales de la Jeunesse". Je la vois comme riche d'échanges innombrables, d'un partage toujours plus grand des richesses de chacun. Pour que les hommes soient unis entre eux dans l'amour. Et c'est cela qu'il nous est possible de commencer à vivre sur cette terre, avec l'aide de l'Esprit.

Le "salut", la vie à laquelle Dieu nous appelle, chacun, et tous ensemble, c'est d'entrer dans une relation vraie: avec nous-même, avec les autres, et avec Dieu. Cela peut bouleverser nos vies dès à présent, et bouleverser celle de tous ceux à qui nous en parlerons. C'est un chemin caché, que beaucoup d'hommes ne comprennent pas; une porte étroite par laquelle Jésus nous invite à passer. Il invite chacun de nous, comme il invite Pierre dans la finale de l'évangile de Jean. "Toi, suis-moi" (Jn 21,22). En d'autres termes, pour chacun d'entre nous, au lieu de me demander

"Suis-je sauvé?", ou de penser à "mes péchés", à "la morale" et de s'inquiéter de savoir si Dieu "en tiendra compte", il s'agit de vivre l'amour dans la confiance, guidé par la Parole, les sacrements et l'Esprit; dans la prière.

Apprenons à vivre ensemble: à développer le Royaume avec ceux qui nous entourent. Et ce royaume se continuera après la mort, j'en ai la conviction.

UNE APPROCHE EXPÉRIMENTALE

Les pages qui suivent proposent une approche du christianisme basée sur une façon différente de voir l'histoire du salut, et sur l'ouverture à d'autres hypothèses en ce qui concerne l'au-delà. Les faits sont conservés, et notamment la venue de Jésus-Christ et sa résurrection, la présence de l'Esprit, la puissance de l'amour. Mais le cadre habituel utilisé pour les présenter, et donc les concepts et le vocabulaire utilisés, sont mis en question. On pourrait dire que cette approche est "factuelle" - partant des faits et non des mots et des théories -, et donc qu'elle est de type "scientifique". Elle est "ouverte", dans la mesure où elle est prête à se remettre en cause, et aussi à accepter que d'autres chrétiens voient les choses différemment (oecuménisme). Mais le terme ouvert est ambigu, et pourrait laisser penser qu'il s'agit d'une auberge espagnole, où n'importe quelle théorie ou conception de la révélation et de la vie chrétienne sont acceptables. J'ai donc retenu le mot "expérimental", qui est une sorte de synonyme de factuel, mais peut-être plus ouvert... La conception du christianisme esquissée ci-après peut aboutir, si on la prend au sérieux, à une façon assez différente de vivre notre foi: complètement ouverte, humainement comme spirituellement.

Peut-on imaginer qu'au lieu d'affirmer une doctrine considérée comme révélée, on parte simplement du "fait Jésus", modèle de l'amour et ouverture sur un autre monde par sa résurrection? Chrétien, je suis convaincu que Jésus est le témoin de l'au-delà qui nous montre ce qu'est l'amour véritable allant jusqu'à la mort, et nous fait connaître que l'existence continue ensuite. Cependant je m'interroge sur les doctrines qui ont été élaborées par les premiers chrétiens en fonction des conceptions de leur époque pour rendre compte de ce qu'ils ont vécu, et qui ont été progressivement complétées et durcies au long des siècles. Et comme scientifique, je ne vois pas de différences fondamentales entre les faits sur lesquels reposent les convictions chrétiennes et les faits qu'étudient les sciences, au sens large, avec des hypothèses, des modèles et des convictions.

Catholique, je suis certes sensible à ce que représente, dans sa continuité à travers les siècles, l'eucharistie célébrée par des prêtres ordonnés par les évêques qui se sont succédés depuis les débuts de l'Eglise; il y a là une formidable permanence, presque sûrement nécessaire pour affirmer la présence parmi nous d'un amour qui nous dépasse; et la "présence réelle" dans le tabernacle fait partie pour moi de cette réalité à laquelle je crois, que je respecte très profondément et devant laquelle je prie. Mais en même temps, nous ne savons pas vraiment ce qu'il en est de "l'au delà". "Dieu" est un mot forgé par les hommes pour parler de ce qu'ils perçoivent et conçoivent des réalités spirituelles supérieures. Nous savons que le Premier Testament est "daté": les auteurs avaient une mentalité, des préjugés, etc. qui demandent à être pris en compte dans sa lecture. Il est temps d'admettre qu'il en va de même pour le Nouveau Testament; et que Jésus lui-même s'est exprimé en fonction de son époque.

Et en ce qui concerne les désaccords entre chrétiens pourquoi ne pas accepter les différences, au sein d'une "communion de tous les chrétiens", où l'on admettrait l'autre tel qu'il est, avec la façon dont il croit? Voilà quelques unes des questions sur lesquelles je voudrais apporter une contribution.

Considérer Jésus comme un "fait", c'est essayer de récapituler ce que l'on peut dire de lui indépendamment des constructions théologiques

- y compris celles contenues dans les évangiles - mais en acceptant la véracité des témoignages qui nous rapportent son existence. En matière scientifique on s'efforce de cerner des faits et l'on fait des hypothèses susceptibles de les expliquer.

Même s'il ne s'agit pas ici d'un domaine scientifique au sens habituel de ce mot, une méthodologie similaire peut être utilisée. Voilà un homme qui dispose de pouvoirs supérieurs, et surtout qui nous montre une façon d'aimer qui renverse ce que l'on pouvait imaginer: la vraie vie c'est d'aimer en abandonnant nos sécurités, nos habitudes; de s'ouvrir, et d'accepter d'aller éventuellement jusqu'à en mourir. Non pas en s'appuyant sur nos forces, mais en nous remettant entre les mains de celui que Jésus appelle "le Père"; en se laissant guider par "l'Esprit". Plus encore: Jésus se montre vivant après avoir été pourtant mort et enterré. Il nous dit que nous vivrons nous aussi avec lui, la mort n'étant qu'un passage. Et depuis, beaucoup de chrétiens expérimentent dans leur vie la présence de l'Esprit, qui les guide et les soutient. Ce résumé forcément simplifié cherche à se centrer, non sur la doctrine qui a été transmise par les disciples, mais sur ce qui semble incontestable pour qui veut bien croire.

Un point essentiel sur lequel la doctrine chrétienne devrait être revue est celle du "péché des origines". Il ne s'agit pas ici du "péché originel", état bien réel d'insuffisance d'amour dans lequel se trouve chaque homme dès sa venue au monde, mais d'un hypothétique péché d'Adam, faute à la suite de laquelle l'ensemble de l'humanité aurait été déchue de son amitié avec son créateur. Que nous soyons tous pécheurs, manquant d'amour, cela ne fait pas de doute, et Jésus nous donne le moyen d'en sortir. Le point en discussion ici est de savoir si vraiment Jésus "nous réconcilie" avec Dieu, par rapport à une faute passée qu'il faudrait qu'il nous pardonne, comme le disent les épîtres de Paul et la liturgie.

Ou si en réalité ce qu'apporte Jésus c'est la possibilité d'aller vers Dieu, sans qu'une faute originelle ou une chute collective ait fait suite à un état initial d'harmonie. Car une autre façon de voir le plan de Dieu est une montée progressive de l'homme à partir d'un état quasi animal; à un moment donné commence la révélation au peuple d'Israël, suivie d'une révélation beaucoup plus forte en Jésus-Christ. Dans cette révélation, il est bien sûr question de l'état pécheur de l'humanité; mais il est surtout question de la relation à Dieu.

Compte tenu de ce que la science nous permet d'imaginer des origines de l'humanité, il semble très improbable qu'Adam et Eve aient existé d'une façon quelconque; les biblistes considèrent pour leur part que l'intention des auteurs de la Genèse n'était pas de décrire le passé de façon historique, mais d'expliquer, sous la forme d'un mythe, la situation de l'homme face à Dieu. A l'époque de Saint Paul par contre, on croyait en général que la Genèse décrivait des événements historiques, ce qui explique la façon dont l'apôtre parle d'Adam et de la chute.

Le bibliste américain Scot McKnight résume ainsi la situation: "Dieu a parlé à l'époque de David à la manière de David; (..) il a parlé à l'époque de Saint Paul à la manière de Saint Paul. (..) Les pages du Nouveau Testament expriment à la façon du premier siècle l'évangile et la vie de l'église; elles sont datées; inspirées par l'Esprit, mais restant des façons de s'exprimer du premier siècle."

La question qui se pose est de savoir pourquoi l'église s'accroche à cette histoire de chute. Dire clairement qu'il n'y a pas eu de chute initiale et que l'histoire de la révélation est celle d'une montée vers Dieu, en quoi est-ce difficile? C'est qu'il y aurait beaucoup de conséquences à en tirer! Le canon de la messe, qui fait souvent référence à la chute, et un certain nombre de textes de Saint Paul, seraient remis en cause. Cela obligerait à admettre que Saint Paul, comme les auteurs du Premier Testament, s'exprime en fonction des conceptions de son époque. Et à réécrire les textes des prières de la messe. Ce qui retient les responsables, ce sont probablement des peurs: peurs pour eux-mêmes, peurs pour l'église. Pour eux-mêmes: peur d'abandonner ce à quoi ils tiennent, de s'apercevoir qu'ils s'accrochaient à des façons de raisonner fausses; et aussi pour l'avenir, peur de l'inconnu: où va-t-on, quelle théologie peut remplacer celle qui est ainsi déstabilisée. Pour l'Eglise, que cela la détruise plus ou moins, que cela remette en cause son autorité et sa tradition. J'y vois un manque de confiance dans le Seigneur: si c'est Lui qui est présent et qui nous conduit, laissons-nous aller entre ses mains, acceptons la vérité.

Si la relation des hommes à Dieu est une montée dans l'amour comme on vient de l'indiquer, il n'est pas approprié de dire que le Christ est mort "pour nos péchés" ou "à cause de nos péchés". Bien sûr nous sommes pécheurs, et le Christ nous ouvre la voie qui monte vers Dieu et sort du péché. Mais la mort du Christ n'est pas la compensation d'une faute de notre part; elle est l'exemple qui nous est donné de la vraie façon de vivre et d'aimer. La venue du Christ est un don gratuit, la découverte d'une merveille d'amour. Le but n'est pas de nous "racheter", mais de nous montrer le chemin de l'amour.

Le vocabulaire du sacrifice, selon lequel le Christ est le grand prêtre, est la continuation du vocabulaire du Premier Testament, dans lequel on pensait se concilier Dieu par des offrandes.

Mais l'image du Christ comme grand prêtre intercédant auprès du Père ne correspond peut-être à rien dans l'au-delà. Elle pouvait aider les premiers chrétiens à comprendre que le temps des sacrifices était révolu; mais elle n'était déjà peut-être pas partagée par tous les courants du christianisme primitif. Il n'y a pas du point de vue chrétien plusieurs dieux, et il ne faut pas avoir une vision anthropomorphique des relations, dans l'au-delà, entre Jésus et son Père.

La Cène, que nous reproduisons comme Jésus nous l'a demandé, met en nous la vie du Christ - son corps et son sang; elle est le rappel de son don d'amour infini, et une invitation à agir comme lui: nous "laver les pieds les uns aux autres", et distribuer le pain à ceux qui en ont besoin. Le sang du Christ, réalité sur la croix, est surtout le sang qui circule dans le corps constitué par l'ensemble des chrétiens, et qui lui donne sa vie. La croix n'est pas un "sacrifice" offert à Dieu, mais un témoignage d'amour total, éclairé par la résurrection: voilà ce que Dieu est et fait!

Le vocabulaire et les concepts du christianisme sont basés pour une part sur des images, des métaphores. Et il est vrai que nous avons besoin d'images pour nous représenter ce qui nous dépasse! Mais peut-être acceptons trop facilement ces analogies, sans vérifier suffisamment si elles correspondent vraiment à ce que nous voulons dire, à ce que nous pensons être la réalité. Bernard Sesboüé, dans son livre "Jésus-Christ l'unique médiateur", montre qu'il est nécessaire d'utiliser des métaphores pour parler de l'au-delà, mais qu'il ne faut pas en surestimer la validité. En particulier il ne faut pas les "pousser trop loin", comme il le montre à propos de certains aspects du "sacrifice" du Christ, dans un chapitre intitulé "un sombre florilège" (p. 67 et suivantes).
Prenons-en un exemple: peut-on dire que Jésus "guérit et sauve les hommes", comme nous le chantons quelquefois? On a dit plus haut en quel sens Jésus apporte le "salut": il nous donne le chemin, le sens de la vie. Mais autant le mot "salut" semble utilisable, autant le verbe

"sauver" peut poser problème, et de même le verbe "guérir". Car les idées qui sont associées après deux mille ans de christianisme au verbe "sauver" correspondent à une conception de l'humanité, et du péché des origines - on en revient toujours à lui- , qui induisent des perceptions erronées. De même, de quoi Jésus est-il censé nous guérir? Les hommes sans Jésus sont-ils tous "malades"? Là encore il s'agit me semble-t-il d'une image poussée trop loin. Il est vrai que le salut, la vie, apportés par Jésus nous aident à nous épanouir, et peuvent nous guérir intérieurement. Pour autant il n'y a pas forcément lieu d'en faire une règle générale. Le changement intérieur auquel la foi au Christ nous conduit est un chemin: pour le décrire le mot "guérir" ne convient pas forcément pour tout le monde...

C'est donc une sorte de discours de la méthode qu'il nous faudrait aujourd'hui, pour construire une théologie adaptée à notre temps: "Ne considérer un mot, une image, comme appropriés, que si l'on n'a aucune occasion de le considérer comme inapproprié, impropre...". Avoir le sens des limites des mots. Eviter les grands discours, les images et les affirmations trop simples.

Par ailleurs la foi n'est pas un ensemble de vérités, mais la relation avec une personne.

Certains chrétiens semblent considérer que notre relation à Dieu s'énonce sous la forme d'une liste de vérités, dont on déduit un comportement. Alors que Dieu est un ami: et qui aurait l'idée de remplacer la relation qu'il a avec un ami par une série de phrases? Ce que je sais d'un ami va bien au delà des phrases qu'à l'occasion je pourrai dire sur lui.

La foi ne consiste donc pas en une série de propositions que l'on croit vraies. Il ne s'agit pas d'abord d'enseigner des vérités, ni de s'appuyer sur des mots; mais de méditer sur des faits. Le réel ne se déduit pas; il s'expérimente. Cela dit il faut bien sûr, à toute époque, essayer de mettre des mots sur les faits. Aider les chrétiens à approfondir leur foi, ce ne devrait pas être principalement leur transmettre un enseignement ou un savoir et leur énumérer des vérités; encore moins les leur imposer. Ce devrait être partager un amour pour Dieu et pour les hommes.

Les responsables d'église et les chrétiens qui les assistent présentent parfois le christianisme comme une série d'affirmations qu'il faut accepter; la foi est exposée, plus ou moins consciemment, comme un savoir intellectuel: il y a ceux qui savent, et ceux qui ne savent pas; ceux qui enseignent, et ceux qui reçoivent l'enseignement. L'étude de la Bible se prête particulièrement à ce travers, puisqu'un certain savoir est utile pour mieux la comprendre.

Ceux qui par leur fonction, leur profession ou leurs textes exposent ce que nous apprend la révélation et ce que Dieu est, veut ou propose, ont une responsabilité particulière. Le risque est grand en effet qu'ils se comportent "avec autorité" envers ceux qui pensent en savoir moins, ou sont moins sûrs d'eux. "Moi je sais, toi tu ne sais pas; donc crois ce que je te dis de croire; moi je sais ce que Dieu a dit". Cette "autorité intellectuelle" est plus diffuse, mais peut-être encore plus répandue que l'autorité hiérarchique, et moins facile à détecter; ses abus aussi se remarquent moins. L'attitude inverse serait celle de la recherche en commun, modeste, où l'on ne dirait jamais que l'on sait, mais seulement que l'on pense telle chose, en ajoutant: "Et toi, qu'est-ce que tu en penses?" Ce serait une attitude où l'autorité serait remplacée par un dialogue en vérité: avec les autres chrétiens comme avec tous les hommes. Nous croyons souvent savoir, et avons besoin d'affirmer; mais nous croyons parfois à tort! Et nous ne sommes que rarement prêts à reconnaître que nous nous trompons, et à nous remettre en cause.

Il ne faut pas confondre les hiérarchies ou autorités humaines avec l'autorité de ce que Dieu nous révèle. Tout groupe humain a besoin d'une certaine organisation. Il faut donc des responsables, qui sont amenés à prendre des décisions. Mais il y a abus lorsque ces responsables prétendent parler au nom de Dieu. Beaucoup de groupes chrétiens - églises locales ou communautés rattachées à une église plus large - et d'églises (catholique, etc.) fonctionnent largement à base d'autorité, d'interdits et d'obligations. L'autorité du pasteur, prêtre ou responsable local, ou du groupe de responsables, est souvent considérable; et de même l'autorité de la doctrine admise par l'Eglise dans son ensemble. Parfois il faut obéir ou partir. Il y a là me semble-t-il un abus caractérisé, une confusion entre la nécessité pratique d'une organisation, avec des responsables au service des actions de l'Eglise, et la soumission à l'enseignement de Jésus. La communauté à laquelle on participe doit nous ouvrir à la liberté, et non la prendre.

Certains chrétiens, protestants ou évangéliques, semblent ne reconnaître aucune valeur à la tradition. Et pourtant c'est en son sein que les textes du Nouveau Testament ont été écrits, puis qu'a été fixée la liste des livres qui le composent. D'autres au contraire considèrent la tradition, les dogmes fixés par elle et la continuité dans la succession épiscopale comme des éléments essentiels de la foi.

Il est nécessaire, on en conviendra, de ne pas déformer ce qu'a été la présence de Jésus parmi nous; toute opinion à ce sujet n'est donc pas également valable. Il y a lieu aussi d'approfondir ce que Jésus nous a révélé; ce n'est que peu à peu que les conséquences du "fait Jésus" se dégagent; d'autre part la perception que nous en avons se renouvelle avec les époques, en fonction des questions que se pose chaque génération. Il est bon par conséquent que les chrétiens se réunissent entre eux pour échanger sur ces questions, et distinguer ce qui leur paraît compatible avec la foi chrétienne de ce qui ne le semble pas. Et il ne faut pas faire passer sous le manteau de la tradition des comportements et des affirmations qui sont loin d'être évangéliques: c'était vrai à l'époque de Luther, par exemple en ce qui concerne les indulgences; cela peut l'être à toute époque.

L'approche catholique et orthodoxe, qui consiste à organiser la foi chrétienne autour des évêques, d'une confession de foi fixée une fois pour toutes, et de dogmes qui la complètent, a été mise en place historiquement pour assurer l'unité de l'Eglise et de sa doctrine. Ne faudrait-il pas aujourd'hui faire le bilan des avantages et des inconvénients de cette façon d'assurer l'unité?

Christian Duquoc, dans son livre "Je crois en l'Eglise", constate que l'Eglise catholique a sur elle-même un discours idéaliste, et propose qu'elle reconnaisse sa propre "précarité", au lieu de se crisper sur sa tradition interne. Nous avons accès, grâce notamment au travail des historiens et des biblistes, à une vision assez détaillée des débuts du christianisme, qui peut nous permettre de réfléchir sur les orientations à lui donner pour l'avenir sans se tenir nécessairement enfermé dans la façon dont les premiers chrétiens ont compris le fait Jésus, ni dans celle dont ils ont organisé l'Eglise.

La formulation des dogmes, de son côté, pose parfois problème à nos esprits logiquement exigeants. Et surtout, le besoin d'affirmer l'unanimité de l'église, voire l'obligation de se soumettre à propos de points qui sont somme toute secondaires (y compris de nature morale et non dogmatique), méritent d'être discutés, puisque l'on sait que bien d'autres chrétiens ont des opinions différentes.

Ne pourrait-on accepter qu'il y ait à la fois des gens qui s'efforcent de rester dans la ligne de la tradition des premiers siècles, et des gens qui, tant en matière théologique qu'en matière liturgique, reprennent le problème "à zéro", comme on le fait parfois dans les grandes institutions (p.ex. ce que l'on appelle le "budget base zéro": comme si c'était le premier)? Et que tous soient réunis dans une seule église? On considérerait comme légitime qu'il y ait plusieurs façons de comprendre le message de Jésus, dans le dialogue et la charité, au sein d'une même grande église.

Chez les catholiques et les orthodoxes notamment, le sacré et les rituels ont une grande importance, dans la théologie comme dans la pratique. Il imprègne la liturgie, largement composée de rites. L'importance donnée au sacré semble liée à celle donnée à la tradition. Pour la plupart des protestants au contraire, sacré et rituels sont secondaires, voire inexistants

Qu'est-ce qui est sacré dans l'église catholique, et pourquoi? Les chrétiens des premiers siècles semblent avoir peu à peu structuré leurs réunions de prière et leur relation à Dieu sous la forme de rituels. Mais on a l'impression qu'a ainsi été reconstitué peu à peu un édifice hiérarchique sacré analogue à ce qu'il y avait dans le Premier Testament; bien différent peut-être de ce qu'une vraie fidélité à l'enseignement de Jésus pourrait conduire à faire.
N'a-t-il pas dit par exemple "n'appelez personne Père"? - a fortiori "Saint Père"! Et n'a-t-il pas critiqué les pharisiens pour leurs notions de pur

et d'impur? Le sacré est une notion pratiquement absente de l'évangile. A la différence du Dieu du Premier Testament, Jésus est un Dieu qui se laisse toucher. On pourrait dire, en exagérant à peine, que la notion de sacré n'existe pas pour les chrétiens: Dieu est proche, il n'est plus séparé. Mais sa sainteté demeure! La réaction de Pierre après la pêche miraculeuse ("Eloigne-toi de moi car je suis un pécheur!") montre que Dieu est à la fois le tout proche et le tout Autre.

Cela dit les rites, qu'il ne faut pas nécessairement considérer comme sacrés, ont une utilité dans certains cas. Il est bon qu'il y en ait, et que l'on puisse alterner entre des cérémonies ou parties de cérémonies ayant un certain caractère rituel - par exemple les signes utilisés pour les sacrements, et d'autres plus adaptées à la façon dont on peut concevoir aujourd'hui la relation à Dieu: l'utilisation exclusive de rituels donne une fausse idée de cette relation. Cela plaiderait pour un changement assez radical de nos prières collectives.

D'autre part nous ne sommes plus à une époque où l'on perçoit l'univers comme constitué d'un côté par la terre, monde des hommes, et de l'autre par le ciel et les étoiles qui seraient en quelque sorte le monde des dieux... Même si elles sont hors de notre portée, nous savons que les étoiles sont de même nature, au sens large, que la terre où nous vivons. De même je me demande si la réflexion sur l'au-delà ne devrait pas, au moins dans une certaine mesure, passer de l'absolu au relatif.

Il faudrait envisager de raisonner et d'agir, par rapport à ces "dimensions" que nous ne voyons pas ("l'au-delà"), comme par rapport aux dimensions que nous voyons, et non pas de les absolutiser et de leur donner un caractère sacré, magique en quelque sorte.

Le fait Jésus, et l'expérience que nous faisons de la vie dans l'Esprit et de l'amour du Père nous introduisent assurément dans des "réalités" qui dépassent ce que notre simple perception a l'habitude d'appréhender. Mais on peut considérer qu'il s'agit d'aspects du réel, et non de quelque chose "d'irréel"! Il s'agit en somme de passer du discontinu absolu, qui caractérise souvent la religion, à un "presque continu". Une discontinuité est certes constituée par la mort; mais le monde "de l'au-delà" est déjà très présent auprès de nous. Proche et non lointain. Il faudrait donc considérer ce monde de l'au-delà, que nous révèle Jésus, comme un monde réel, et non comme un monde "divin", "sacré"; un monde réel, c'est à dire un monde dont les lois ne sont pas nécessairement très différentes de celles de notre monde; avec comme axes majeurs l'amour et la croix, comme Jésus nous l'a fait connaître.

Il y a des chrétiens qui semblent ne pas croire aux miracles; des prêtres même qui écrivent des livres où ils expliquent que les miracles du Christ n'en étaient pas... Je sais bien que c'est à l'amour, et non à la foi dans les miracles, que l'on reconnaît les disciples du Christ (et beaucoup de non-croyants montrent de l'amour!). Mais ne pas croire à la possibilité de miracles, cela me semble revenir à nier la présence de Dieu dans le monde; cela revient aussi à dire que l'on n'a jamais ressenti, dans sa vie spirituelle personnelle, des signes - certes très ténus - de cette présence.

Vivre dans la foi, c'est vivre "comme si on voyait l'invisible" (Jacques Loew). C'est s'appuyer de plus en plus sur cet invisible, sur cette source d'amour qui provient d'une autre "dimension". C'est en venir à considérer que cette présence de Dieu a autant de réalité que le monde que nous voyons autour de nous: que le Seigneur est en quelque sorte "encore plus présent" que toute personne que nous voyons près de nous. (Pourquoi cette présence est si discrète, c'est une autre question, et cela peut être une source de scandale pour certains, face au problème du mal). Alors "l'au-delà" est-il loin ou près de nous? Son appellation fait penser à un "au delà de tout", lointain, ce qui est regrettable. N'est-il pas au contraire "tout près"? Christian Bobin, on le sait, parle de Jésus, et donc de Dieu, en disant "le très bas". Eh bien de même l'au-delà est peut-être en fait le "très près".

La liturgie, en tout cas dans l'église catholique, utilise abondamment des expressions telles que "sois favorable" ou "prends pitié". Ne s'agit-il pas là d'une attitude relevant du Premier Testament?

La conscience de notre "indignité" doit-elle à ce point imprégner notre relation à celui qui nous a dit "Je ne vous appelle plus mes serviteurs mais mes amis"? (Jean 15,15) Pourquoi ne pas donner la place principale à la louange pour ce que Dieu nous donne de vivre avec lui, et à la confiance?

On peut parfois éprouver le besoin de demander le pardon de Dieu, et utiliser alors le mot "pitié"; mais il n'a habituellement pas sa place entre amis! Dieu sait que nous sommes pécheurs! Il convient de se réjouir qu'il nous accepte auprès de lui et nous invite à le célébrer; en disant par exemple: "Merci Seigneur de nous rassembler aujourd'hui auprès de toi; nous savons que nous sommes pécheurs; prenons un instant de silence pour nous le rappeler et le confier humblement à Dieu". Mais en général il vaudrait mieux éviter le "Seigneur prends pitié", qui crée une idée fausse de la relation à Dieu. Sauf naturellement dans la prière pour une intention particulière, par exemple pour une personne qui souffre; mais alors l'expression n'a plus du tout la même signification. De même il conviendrait d'éviter les expressions du type: "Seigneur daigne accepter ce sacrifice que nous présentons"! Comme si il n'acceptait pas que nous le priions! Ces prières seraient à revoir profondément, dans l'amour de Dieu.

Beaucoup de chrétiens vivent leur christianisme sur la base de la volonté: comme un devoir, sur un chemin constitué d'efforts à accomplir, jamais suffisants. D'autres ont compris que l'amour de Dieu est liberté, louange, simplicité, confiance. Dieu est tout, et partout. Cela peut faire peur; mais aussi, lorsqu'on a compris de quel amour Jésus nous aime, cela peut permettre de se détendre, de s'accepter, de se remettre entre les mains de Dieu. Ce ne sont pas d'abord nos efforts qui feront que nous serons "de meilleurs chrétiens": c'est notre relation à Dieu dans l'amitié et la prière. Ce n'est pas nous qui apporterons le salut au monde par notre activité fébrile et préoccupée: c'est l'esprit d'amour qui agira à travers nous, si nous nous ouvrons à lui.

Autant le chrétien peut, dans sa vie spirituelle, parler à Dieu et être convaincu de sa présence, autant il est impossible à l'homme, de par sa nature limitée, de connaître et comprendre réellement "qui est Dieu", ou "ce qu'il est"; pas plus qu'une fourmi ne peut comprendre la théorie de la relativité.

Les chrétiens considèrent le plus souvent que les mots avec lesquels la Bible et la tradition parlent de Dieu valent description de ce qu'il est, et même de sa "structure interne": d'où par exemple des affirmations comme quoi l'Esprit serait l'amour qui relie le Père et le Fils.

Si on pense au contraire que le Nouveau Testament, comme l'Ancien, nous rapporte des faits situés dans le temps, selon la façon dont les hommes de l'époque de Jésus ont compris sa présence et son message, alors on peut prendre un peu de recul, et admettre que nous ne savons pratiquement rien sur la structure réelle de l'au-delà. Je dis bien sa structure; car par contre nous sommes convaincus que Jésus est présent dans cet au-delà (au-delà qui est présent autour de nous, et auquel nous participerons après la mort), et que l'amour qu'il nous a montré et enseigné est une réalité fondamentale, tant de notre vie actuelle – avec l'appui de Jésus et de son Esprit –, que de notre vie future après la mort. C'est tout ce que nous savons: c'est à la fois beaucoup (car cela permet à notre vie de chrétien de s'épanouir jusqu'à la sainteté), et c'est très peu.

Qui nous dit par exemple que l'au-delà n'est pas constitué d'êtres supérieurs, eux-mêmes très inférieurs à d'autres réalités spirituelles qui à leur tour les guident et les dépassent? Il ne s'agit pas de faire de la science fiction, et ce que je viens de dire n'est qu'un exemple.

Ce que je veux affirmer est qu'il y a beaucoup de possibilités diverses concernant l'au-delà. En parler trop précisement, c'est risquer d'affirmer plus que ce qui est certain, et plus qu'il ne convient si l'on veut s'adresser en vérité aux hommes d'aujourd'hui. Il faut leur dire ce dont nous sommes convaincus (Jésus, l'amour, la vie dans l'au-delà); et admettre que le reste, nous ne le savons pas. Cette démarche est en quelque sorte scientifique. Elle a aussi – mais ce n'est pas son but premier - l'avantage de clarifier le dialogue avec les autres courants spirituels, notamment avec le bouddhisme. A lieu d'énoncer toute une série de détails pas vraiment certains, on peut ainsi se concentrer sur l'essentiel, et s'enrichir mutuellement. Ce dont il s'agit, c'est de penser le christianisme en vérité,

pour le XXI° siècle. Dans notre vie spirituelle quotidienne, c'est bien en relation avec "Dieu" que nous sommes: c'est ce terme qui résume le mieux la conviction des chrétiens.
Mais il faut être prêts à être éventuellement surpris quand nous arriverons dans l'au-delà.

Compte tenu de l'immensité de l'univers et du nombre de galaxies qu'il contient, les hommes doivent admettre qu'ils sont sur une planète quelconque, dont la vie, et la fin de l'existence, ont toutes chances d'être aussi absolument quelconques.
Planète parmi des millions de planètes, promise un jour ou l'autre à la mort, et peut-être assez vite du fait des hommes. Cette histoire ordinaire, les chrétiens ont tendance à en faire une histoire sacrée, à penser que la terre sera renouvelée, que Jésus reviendra. Si l'on regarde les tremblements de terre, les malheurs un peu partout, on est bien obligé de penser que ce mode de fonctionnement du monde, Jésus et son Père les acceptent, même si Dieu permet à l'occasion à certains de ceux qui se tournent vers lui d'échapper à tel ou tel malheur, plus sans doute dans un but spirituel adapté à la personne considérée ou au groupe auquel elle appartient que pour changer les lois du monde.

Alors, bien entendu, il est difficile de parler d'un "Dieu tout puissant", ni même de dire que Dieu est, au sens strict, maître de l'histoire, même si un certain progrès spirituel de l'humanité dû au christianisme existe.

Planète ordinaire, la terre mourra probablement de façon banale, sans qu'il y ait de "royaume de Dieu" ou de "retour du Christ" sur terre. De même à aucun d'entre nous il n'est promis que ce qu'il fait sera "utile" sur terre, et y donnera des fruits durables. Cela ne doit pas nous conduire à ne rien faire, mais simplement à agir en fonction de ce qui nous semble aller dans le sens de l'amour. Et bien sûr nous pouvons penser que ce que nous faisons sur terre nous prépare peut-être à ce que nous ferons après la mort.

Tout cela pose la question de savoir qui est ce Dieu que nous révèle Jésus-Christ. Or il est fort possible que nous n'aurons à faire, dans l'au-delà, qu'à la suite du même processus de montée, et que "Dieu" sera toujours aussi mystérieux ...

Sauf que son esprit nous transfigure, et que cela en vaut la peine. Jésus nous a dit d'aimer, et nous a montré comment. Il ne nous a pas dit que le monde avait un sens que nous pouvons comprendre, ou même que nous le comprendrons après la mort.

La vision traditionnelle que les chrétiens ont de l'au-delà est celle d'un paradis, précédé éventuellement d'un purgatoire. Mais la réalité est peut être toute autre.

Peut-être l'existence après la mort est-elle, avec certes beaucoup de changements, un peu du même type que celle que nous connaissons: un univers nouveau que nous aurons à découvrir (un peu comme un bébé qui naît découvre un monde nouveau); univers dans lequel il y a peut-être des bons et des méchants, des enjeux de vie et de "mort" (spirituelle). Jésus nous y prépare par les conseils qu'ils nous donne, qui valent à la fois pour ce monde et pour préparer celui d'après. Ce n'est bien sûr qu'une hypothèse, mais elle peut nous encourager à vivre à fond notre christianisme. Dieu est amour; il est puissance d'amour. Nous pouvons nous appuyer sur lui dans les événements que nous avons à vivre et dans les choix que nous faisons.

Par tempérament ou en fonction des expériences qu'ils ont vécues, les hommes sont plus ou moins ouverts à des hypothèses autres que celles qui sont les leurs et sur lesquelles ils basent habituellement leurs convictions et leur action.

Ainsi par exemple pour les phénomènes "paranormaux", on trouve parmi les chrétiens comme dans le reste de la population aussi bien des gens qui pensent que cela n'existe "évidemment" pas, que des gens qui pensent qu'il y a peut-être là des choses que nous ne comprenons pas mais que la science éclairera éventuellement un jour.

Il y a, on l'a dit, une dimension psychologique évidente dans ces attitudes d'ouverture ou de refus par rapport à la réalité de ces phénomènes. Mais est-il bien raisonnable d'être "fermé", au sens où l'on vient de le dire? Cela revient à supposer que l'homme sait ce qui existe et ce qui n'existe pas, et que rien de nouveau et de complètement différent ne peut être découvert ou survenir; ou à attendre pour accepter de telles nouveautés que "la science" les ait prouvées. C'est faire beaucoup d'honneur à la science actuelle, et ceci d'autant plus qu'il s'agit souvent de phénomènes à peine perceptibles ou qui reposent sur des témoignages. N'est-ce pas précisément parce qu'ils étaient un peu trop fermés à la nouveauté que beaucoup de pharisiens ont été incapables d'accueillir le message de Jésus? Il ne s'agit en aucun cas de remplacer Jésus par ces phénomènes étranges, qui peuvent, on le sait, être dangereux. Mais refuser leur existence éventuelle n'est pas forcément la bonne attitude.

Les "Near Death Experiences" ou "NDE", expériences vécues à l'approche de la mort, sont un des domaines sur lesquels il peut être intéressant de se pencher. Le nombre maintenant élevé de témoignages à leur sujet amène à envisager qu'il y ait bien là "quelque chose". Certains considèrent que ces phénomènes s'expliquent simplement par une excitation particulière du nerf optique à ce moment extrême.

Mais il y a, dans les récits que l'on peut lire à ce sujet, bien plus que la rencontre avec un "être de lumière". Par exemple il est fréquent que la personne se trouve "hors de son corps" et l'observe de l'extérieur. Ces récits ont à la fois des points communs et parfois pourtant des différences considérables que l'on pourrait considérer comme des contradictions. Tantôt l'expérience est entièrement positive, agréable, et tantôt (rarement) elle est effrayante. Dans certains cas il semble s'agir d'un voyage à la surface de la terre; dans d'autres on en est au contraire fort loin. Parfois la personne ne rencontre que des êtres bienveillants; parfois elle aperçoit des êtres visiblement mauvais, ou des lieux où se passent des choses affreuses. S'agit-il de pure imagination de la part des personnes en cause? Dans le cas de la situation "extra-corporelle" il semble bien que non, puisque la personne entend et voit ce qui se passe autour de son corps qui est apparemment sans connaissance! Pour le reste, libre à chacun de conjecturer...

Les médiums ont mauvaise réputation chez les chrétiens. Car il est vrai que certaines personnes fascinées par le spiritisme s'engagent sur des terrains dangereux et peuvent devenir victimes d'esprits mauvais. Pourtant certains récits rapportés par des médiums ont une nature analogue aux expériences NDE, avec cette différence que la personne qui parle est morte et non pas simplement revenue des frontières de la mort.

Un livre étonnant, "L'explorateur de l'au-delà" (Editions "Le jardin des Livres" 2004) présente un récit publié pour la première fois en 1894 par un médium anglais. A travers ses particularités et ses limites ce livre propose une vision de l'au-delà que ceux qui ont l'esprit ouvert pourront juger très enrichissante. Et ceci, qu'il s'agisse d'une description de la réalité de l'au-delà, ou d'une pure et simple invention! C'est Pierre Jovanovic, auteur de l'excellente "Enquête sur l'existence des anges gardiens", qui le présente au public français. Ce livre se situe dans "le monde de l'Esprit", et on y voit chaque âme s'efforcer de se dégager peu à peu des sentiments ou passions qui limitent sa croissance spirituelle. Quel encouragement à veiller sans cesse aux sentiments qui nous habitent! Vrai ou faux, et malgré ses limites, ce livre nous invite à nous représenter des anges présents autour de nous pour nous aider. Ces anges étant notamment, si l'on en croit ce livre, des hommes et des femmes décédés. Pourquoi pas? Quel réconfort!

Récapitulons: l'amour selon Jésus, allant jusqu'à accepter la mort, est le centre du christianisme. Après la mort l'existence continue.

L'au-delà est présent, il nous entoure. Il n'est pas magique ou mystérieux, mais nous propose un amour sans limites. Et dès à présent nous pouvons, grâce à l'Esprit, vivre dans la louange.

L'emploi du mot "Dieu" est une commodité, inévitable, mais nous ne savons pas du tout quelle est la structure de l'au-delà. Nous savons que Jésus est dans cet au-delà, et que l'Esprit est présent dans notre monde et agit en nous.

Les textes de la Bible retracent la façon dont cet "au-delà" s'est révélé à nous, dans le langage et suivant les concepts de chaque époque. En particulier le péché "des origines" n'a selon toute vraisemblance pas existé. Et les textes du Nouveau Testament, comme ceux de l'ancien, sont à lire en ayant en tête la mentalité de l'époque.

La relation à Dieu est une relation de montée dans l'amour, non de culpabilité et de devoir. Au lieu de penser à l'au-delà comme à un domaine complètement étranger, "sacré", on peut se le représenter comme une autre partie du réel - bien que nous ne puissions qu'à peine en deviner la nature pour l'instant.

Il en résulte qu'une bonne proportion de nos prières et de notre théologie - je parle ici de l'ensemble des églises chrétiennes et pas seulement de la catholique - est inappropriée, datée, et qu'il est urgent de les revoir, pour se centrer sur l'amour et sur ce que nous pouvons aujourd'hui concevoir de "l'au-delà".

Comment poursuivre? On l'aura compris en lisant ce texte, son auteur a en même temps le désir de vivre et d'agir toujours dans l'amour, et une grande insatisfaction vis à vis des pratiques et des théories de l'église à laquelle il participe (les autres, il lui est plus difficile d'en juger!).

Insatisfaction face aux liturgies, qui semblent dater d'il y a 3000 ans. J'ai lu avec plaisir ce que Soeur Emmanuelle a dit au Cardinal Lustiger, chamarré pour une cérémonie: "Mais enfin, Jésus-Christ n'était pas habillé comme cela!"

Insatisfaction face au carcan moral où l'on enferme les gens, sans même s'en rendre compte, avec des argumentations contestables. Insatisfaction face à des énoncés de foi qui perpétuent des perceptions d'il y a 2000 ans, ou à des affirmations simplificatrices: - "Les chrétiens sont enfants de Dieu" (et les autres hommes alors?) - "Le péché a soumis l'homme à sa loi" - "Jésus s'est fait homme par amour pour les pécheurs". Ce dont il faut parler, c'est de la révélation de l'amour! C'est à longueur de journée, à longueur de "cérémonie" que le bon sens et le souci de l'amour sont heurtés par ce que l'on entend ou lit.

Comme on aimerait aussi que nos assemblées soient d'abord des rencontres entre personnes soucieuses de vivre entre elles et avec tous les hommes dans un amour effectif, et non la répétition de rituels! Si ces pages éveillent un écho, si peu à peu un courant se dégage pour porter dans l'amour les préoccupations évoquées ici, alors on peut espérer que le souci qui a conduit à les écrire pénétrera l'ensemble du groupe des chrétiens...

Il ne s'agit pas de "reconstruire" le christianisme. Ce n'est pas lui qui est en cause, mais la façon de l'exprimer; et c'est elle qu'il faudrait en effet reconstruire. Le christianisme est l'amour tel que Jésus nous l'a montré, basé sur la foi, c'est à dire sur une relation personnelle de plus en plus confiante avec Dieu. Comment pourrait-on imaginer de modifier cela, qui donne sa force à la vie de tous les chrétiens? Par contre les façons d'exprimer le christianisme sont très diverses, entre les confessions chrétiennes et entre les époques. L'oecuménisme est une reconnaissance de la diversité possible d'expression de la foi. Peut-être nous manque-t-il la même acceptation de la différence dans le temps: pourtant elle apparaît déjà au sein du Nouveau Testament, où la première épître aux Thessaloniciens attend le retour imminent du Christ ("d'après une parole du Seigneur"!), tandis que la deuxième lettre de Saint Pierre admet que "pour le Seigneur .. mille ans sont comme un jour" et donc qu'il ne faut pas dire qu'il tarde à venir. Il s'agit de poursuivre, adaptée à notre époque, une réflexion sur les façons possibles d'exprimer la foi.

C'est un renversement qui est proposé: non dans la foi, mais dans la façon d'approcher et de comprendre les faits que les croyants pensent constater. En partant du fait Jésus. Et, par exemple, en ne considérant pas comme acquis tel ou tel aspect de l'au-delà que les chrétiens admettent depuis vingt siècles, comme la "béatitude éternelle" dont certains morts seraient censés jouir.

"L'au-delà", c'est à la fois ce qui existe actuellement et que nous ne voyons pas, et ce que nous verrons après la mort. Ma proposition est de réfléchir sur cet au-delà comme on réfléchit sur le monde visible: de le penser comme un ensemble de dimensions et de réalités n'ayant peut-être pas une nature fondamentalement différente de celles que nous connaissons. Parce que nous sommes au XXI° siècle et que notre idée du monde et de ses aspects est différente de la représentation qu'en avaient les hommes de l'époque de Jésus.

Il ne s'agit pas d'aborder "Dieu" avec une attitude scientifique - ce serait incroyablement prétentieux; mais d'aborder la relation avec Jésus, homme, comme on aborde la relation avec une autre personne: en ne mettant pas de côté notre capacité de réflexion et ce que nous savons par ailleurs. Mettre sa confiance en Jésus et avoir foi en lui n'exclut pas d'essayer de comprendre. Le cardinal Lustiger avait coutume de dire: "Rien ne vous dispense d'être intelligents". On peut comparer avec ce qu'est une relation sur le plan humain: aimer quelqu'un, avoir confiance en ce qu'il ou elle est, ne doit pas nous dispenser de réfléchir, d'exercer notre intelligence. D'être.

DANS L'EGLISE

Je lis parfois des textes, sur des sites que l'on pourrait qualifier de contestataires ou de progressistes, où l'on se demande s'il faut "quitter ou non l'église" parce qu'elle est trop ceci ou pas assez cela. Et cela me désole.

C'est avec Dieu que je me relie, par la foi et la vie spirituelle ; un Dieu d'amour, qui me dit d'aimer. Et donc je me veux relié à mes frères et soeurs en humanité ; et notamment avec tous mes frères chrétiens, qu'ils soient ceci ou cela, traditionalistes ou très "ouverts", catholiques, orthodoxes ou évangéliques.

Quitter la famille des chrétiens n'aurait pour moi aucun sens, car elle est le lieu privilégié où j'entretiens ma foi. Et au sein de cette communauté très vaste des chrétiens, c'est bien dans ma famille locale - les chrétiens de mon quartier - qu'il me paraît normal de vivre ma foi: malgré les défauts éventuels des uns ou des autres. Le Pape et le Vatican me semblent "faire des erreurs" ? La liturgie - et la théologie- me paraissent scandaleusement loin de ce qui serait souhaitable ? La belle affaire ! Ce que Dieu me demande, c'est d'aimer, pas de quitter mes frères. D'être au milieu d'eux comme Jésus nous a demandé d'être : "comme celui qui sert". J'ai confiance en Dieu. C'est sa parole que j'essaie de suivre, au milieu de ceux qui me sont donnés comme frères et soeurs, même si leur point de vue et leur action sont parfois très différents des miens.

L'amour doit rester premier, éclairé par l'Esprit.

CONTREPOINT

"Vous voulez tout changer, vous dites qu'on ne sait rien; vous détruisez tout. Ce n'est plus le catholicisme"

Je ne veux pas tout changer ! Pour au moins deux raisons : d'abord parce que dans ce qui précède l'essentiel ne change pas: à savoir l'amour véritable qui construit le Royaume, et la présence de Dieu et de son Esprit qui le rendent possible. Et aussi parce que mon approche veut être respectueuse de la façon dont les uns ou les autres comprennent le christianisme, dans un œcuménisme ouvert et fraternel.

Ce que je propose à celles et ceux qui peuvent en accepter l'idée c'est, au-delà des certitudes concernant l'amour mutuel et la présence de Dieu, une "ouverture à l'incertain". Nous savons beaucoup de choses, concernant le bien et le mal, Jésus, la présence de l'Esprit, etc. Mais nous savons aussi que l'Esprit de Dieu s'est exprimé à chaque époque selon les mentalités de l'époque. Il est temps d'en tenir compte pour penser le christianisme en fonction des connaissances et des réflexions de notre époque.

Proposer cela, ce n'est pas détruire ; c'est au contraire construire. Et il convient de le faire avec prudence, et dans le respect de la diversité des opinions.

Le catholicisme a beaucoup évolué depuis les origines. Les chrétiens du premier siècle seraient surpris par beaucoup de nos cérémonies, et par notre monde occidental que l'on dit parfois chrétien. Il s'agit de poursuivre l'évolution de la réflexion et des pratiques, et de redresser ce qui est peut-être discutable ou erroné.

———————

PRIERE

Seigneur Dieu, toi qui es présent et que nous aimons,

Toi dont l'Esprit nous guide et nous rassemble,

Donne-nous de comprendre toujours mieux les chemins que tu nous proposes,

Et de nous ouvrir à ta volonté.

Amen !

TABLE

DIEU ? …………………………............ 11

CROIRE ………………………………… 19

AIMER – LE PÉCHÉ ……………….... 27

LE SALUT …………………………… 33

UNE APPROCHE EXPERIMENTALE .. 57

DANS L'EGLISE ……………………... 91

CONTREPOINT ………………………93

PRIERE …………………………… 95